Schlichte Gedichte
über
Gott und seine Kinder

12/19 – 3/20

von

Heiner Weber

Heiner Weber * 1947 in Hannover

Heinrich (Heiner) Weber, Zahnarzt im Ruhestand, verheiratet, drei Kinder, drei Großkinder, Familienmensch, erfuhr mit dreißig Jahren eine wegweisende christliche Bekehrung, betreute und förderte lange Zeit ehrenamtlich Tagungen und Publikationen einer interdisziplinären Akademie, schätzt den Humor und das Werk von Wilhelm Busch, interessiert sich aktuell für neuere christliche Prophetie, die Gott als Eltern der Menschheit offenbart und die menschliche Würde und Verantwortung betont.

Im vorliegenden Gedichtband beschäftigt sich der Autor u.a. mit der Erfahrung und den Konsequenzen unserer Kindschaft Gottes sowie mit dem liebenden Herzen Gottes als Himmlische Eltern der Menschen.

Eingefügt ist ein handschriftliches kindliches Weihnachtsgedicht der Tochter und hierzu eine humorvolle Replik des Vaters, diese auch in memoriam Wilhelm Busch.

Inhalt

Zur freudigen Zuversicht

Der Sonnenschein

Ich ließ den Sonnenschein
direkt ins Herz hinein
mir wurde gleich ganz warm
vergaß des Tages Gram.

Ich strahlte selbst draufhin
in Ausdruck, Wort und Sinn
in meiner Nachbarschaft
gab vielen neue Kraft.

Es hat mich ganz beglückt
was alles strahlt zurück
an Gunst und Sympathie
erscheint mir wie Magie.

Kanns doch im Sonnenschein
nur Gottes Liebe sein
die unsere Herzen lenkt
und diesen Zauber schenkt.

Besinnlichkeit

Schon wieder ging ein Jahr ins Land
die Zeit, sie eilt dahin, was bleibt?
Erinnerung sei erstgenannt
an unsre lieben Anverwandt.

Was auch geschieht, was auch geschah
Verbundenheit durchs ganze Jahr
in Freude, Wehmut, Glück und Leid
schenkt uns Familie, hilfsbereit.

Die Jahre ziehn ohn Unterlass:
Die Liebe zeugt die süßen Kleinen
die quietschend lachend uns vereinen
uns Älteren in Haus und Heimen
schenken sie Spaß im Übermaß.

Wir werden Eltern, Groß- und Urgroß-
wenn wir auch schrumpfen mit der Zeit
durch Elternliebe, grandios
dehnt sich das Herz und es wird weit.

Umfasst des Lebens volle Kreise
erfüllt mit reicher Emotion
und nähert sich nach Lebens Reise
behutsam unseres Schöpfers Thron.

Was wird Er sagen, wenn wir kommen
uns grollen für so manchen Zwist?
Nein doch, Er wird ans Herz uns drücken
weil Er doch unsre Eltern ist.

Er ist der Urahn aller Menschen
der uns aus seiner Liebe schuf
das Gute mit uns zu vermehren
zum Zeugnis unsrer Eltern Ruf.

Hier schließt sich der Familien Kreis:
Der Ursprung, nun entdeckt aufs neu
ruft uns heut zu, kommt all herbei
und feiert weltenweit vernetzt
friedevoll vereint im Herzen
ein besinnlich Weihnachtsfest.

Der Weihnachtsmann
von

Rot und Weiß
du weißt schon wie er heißt!
Weihnachtsmann wird er genannt
hält schon die Zügel in der Hand,
fliegt mit den Rentieren von Haus zu Haus
und teilt seine Geschenke aus
aber du kriegst nur ein Geschenk,
wenn du eins verdienst;
du musst immer lieb und artig sein,
dann kommt der Weihnachtsmann
mit vielen Sachen die dir Freude machen.
Wenn du aber nicht artig warst
dann kriegst du ne' Rute,
ich wünsch dir damit viel Spaß!

Vater's Replik nach 20 Jahren
auf Töchterlein's bezauberndes Gedicht
‚Der Weihnachtsmann'

Die Rute

Der Weihnachtsmann hat über Nacht
gar viel Geschenke mitgebracht
streicht sich zufrieden Bart und Kinn
doch plötzlich schießt ihm durch den Sinn:
Wo ist denn meine Rute hin?

Er kramt und sucht und kanns nicht fassen
dass sie ihn hier und jetzt verlassen.
Was bin ich für ein Weihnachtsmann
dem seine Rut entwischen kann?

Verblüfft letztendlich er entdeckt
dass sie in Trübsal sich versteckt.
Drauf grübelt er die ganze Zeit
nach dem Motiv für Rutenstreik.

Er rätselt: kann es wirklich sein
so lieb sind hier die Kinderlein
dass selbst die Rute rückte aus
verbirgt sich zaghaft hinterm Haus?

Drum will er nun die Rute fragen
wie sie sich fühlt in diesen Tagen
der Weihnacht, da zum Fest der Liebe
er öfter drohte auch mit Hiebe.

Sag Rute, wie gings dir dabei
als ich dich hochriss eins, zwei, drei
in hohem Bogen auszuholen
den frechen Burschen zu versohlen!

Da schaut die Rute hinterm Haus
aus ihrem Schneebettchen heraus
richtet sich auf so hoch sie kann
und fährt den ‚Santa' blitzforsch an:

Nun straft Dich jeder Kinderschrei
zu Recht mit peinlich Grübelei!
Dein Hauen tat auch mir sehr weh
drum kühl ich mich im kalten Schnee.

Ich wollte nicht mehr mit Dir gehn
in ängstlich Kinderaugen sehn
wenn all verzerren ihr Gesicht
sobald sich naht das Strafgericht.

Stock lieber auf im nächsten Jahr
mal Deinen Weihnachtsmann-Etat
und trau Dich, mich zu substituten
mit vielen Schokoladenruten.

Du sollst mal hören wie sie johlen
wenn Du aus deinem Sack verstohlen
die Schokoladenruten ziehst
und wie sie, eh Du Dich versiehst
um vollends Dich zu überraschen
die Schoko-Rut im Nu vernaschen.

Dies sei Dir eine herzlich Freude
dabei zu sein als erster Zeuge
beim Schoko-Schmausen zuzusehn
wie Angst und Ruten untergehn.

Und dass man mich nicht ganz vergesse
schau ich beim Fortgehn munter drein
aus Deiner Tasche am Gesäße
will auch zur Weihnacht glücklich sein.

So wandelt sich die Furcht zur Freude
Erziehung glückt mit Augenmaß
und auch die Eltern haben beide
mit Schoko-Ruten ihren Spaß.

Herzputz

Mein Gott, ich möcht Dir vieles sagen
zu Wichtigem um Antwort fragen
mein Beten, fühl ich, ist oft fad
ich wünsch mir mehr direkten Draht.

Ich hörte aus Amerika
wie Du Dich mitteilst, wahr und klar
durch Menschen die von ganzem Herzen
laut nach Dir riefen, oft in Schmerzen.

Sie haben Deine Worte dann
bekannt gemacht für jedermann
weil Du an alle dich gewandt
dafür zoll ich Dir tiefen Dank.

Mit Empathie Du uns erklärst
Du sprichst durch jedes Menschen Herz
wenn er es öffnet weit für Dich
und nicht nur ständig denkt an sich.

So wird nun mir auch deutlich klar
Du warst und bist doch immer da
selbst wenn das Herz verschlossen ist
Du uns ein still Begleiter bist.

Um Dir den schönsten Raum zu schaffen
in dem wir uns dann nahe sind
will ich recht gründlich Herzputz machen
dann fühl ich besser als Dein Kind.

Will reinigen mein Herzensgrund
in einer fleißig Herzputz-Stund
mich säubern von den gottesfremden
Einflüssen, die mich von Dir trennen.

Putzmittel können Tränen sein
sie machen ganz besonders rein
stehn bei Bedarf dafür bereit
an jedem Ort zu jeder Zeit.

Es gibt so vieles wegzuräumen
an Denken, Fühlen, schlechten Träumen
das uns den reinen Blick verstellt
und unser Herz gefangen hält.

Nun ändert sich die dunkle Zeit
der Blick wird tiefer, klar und weit
die Negativität flieht aus
das Herz ist rein, ein schönes Haus.

Will sagen, bitte tritt nun ein
in unser blitzblank sauberes Heim
da merk ich, Du bist lang schon hier
kamst unbemerkt durch Herzens Tür.

Warst immer an mir interessiert
hast mitgeholfen, motiviert
des Staubes Schleier fort zu wehn
möchtst mich doch Aug in Auge sehn.

Erkenne nun wie sehr Du liebst
aus tiefer Liebe uns vergibst
da Du schon immer Eltern warst
und Deinen Kindern Freiheit gabst.

Du schenkst uns, was uns äußerst ehrt
mit Deiner Würde göttlich Wert
auf dass wir Dir ganz ähnlich werden
als Gotteskinder hier auf Erden.

Drum wolln wir noch bewusster leben
mit offnen Herzen für den Segen
für Deinen Ratschlag, Gunst und Liebe
dass unsre Hoffnung sich nie trübe.

Du lehrst uns heute unumwunden
dass wir aufs Engste Dir verbunden
untrennbar in der Liebe sind
die sich am Herzensgrund befind.

Hier strömt die Liebesquelle
auf dass sie uns erhelle
schenkt unsren Augen klaren Blick
und unsren Herzen wahres Glück.

Sehr dankbar nehmen wir Dein Wort
in unsren Herzen auf
es bildet einen festen Hort
im schnellen Zeitenlauf.

Die tiefste Wahrheit Du uns gibst
schon zu der Erdenzeit
dass Du Himmlische Eltern bist
uns gar nichts mehr entzweit.

Und wenn wir in Dein Reich eingehn
dort unsre Lieben wiedersehn
die ebenfalls sich schon befreit
von alter Pein und langem Leid
dann wird vollkommne Freude sein
im Kreise aller Kinder Dein.

So hält die Zukunft uns bereit
stets wachsend Glück in Ewigkeit.

Wahre Heimat

Die Heimat, das weiß jedes Kind
ist, wo wir aufgewachsen sind
mit Eltern, Freunden ohn viel Klage
verbrachten unsre ersten Jahre.

Wohl dem, der immer an dem Ort
der Kindheit lebt in einem fort
der niemals jemals wird geplagt
vom Heimweh auch nur äußerer Art.

Doch fragt auch er sich dann und wann
ob Heimat nicht noch mehr sein kann
wünscht sich ein Leben ohne Sorgen
ganz wie ein Kind in Lieb geborgen.

Möcht diesen Schutz stets in sich tragen
besonders an den schweren Tagen
wo Äußerem man wenig traut
und tiefer in sein Inneres schaut.

Heimat sollt Heim im Herzen sein
gefüllt mit Glück und nie allein
ein Liebesquell, der nie versiegt
und Herzensharmonie uns gibt.

Die schönsten Dinge uns verbinden
die wir als Schatz im Herzen finden
Gemeinsamkeit an vielen Orten
Verständigung mit wenig Worten.

Einheit im Herzen ist das Ziel
sie zu erreichen fordert viel
Geduld mit eigener Natur
beim Lernen himmlischer Kultur.

Wie schön die Hoffnung hier auf Erden
den Frieden Gottes zu ererben
nach vielem suchen, flehen, winden
sein eigen Bild in uns zu finden.

Was ist denn unsres Herzens Heim?
Das kann doch nur der Himmel sein
der in uns wächst, in dem ich find
dass Heimat liebste Eltern sind.

Die die verlornen Kinder suchen
die sie aus tiefster Liebe schufen
und sie in Inbrunst und Erbarmen
nach reuiger Rückkehr lieb umarmen.

Solch Heimat schenkt uns alle Zeit
Gefühle der Geborgenheit
umarmt beschützend unser Sein
lässt keinerlei Bedrohung ein.

Das Gute siegt auf lange Zeit
drum sei in Deinem Herz bereit
das Negative zu verdaun
und immer hoffnungsvoll zu schaun.

Der Zauber der Erinnerung
er hält uns all im Herzen jung
hat alle Schmerzen ausradiert
und nur das Schöne konserviert.

Die Herzensheimat stets zu pflegen
sei gute, wahre Tradition
sie nährt die Wurzeln unsres Lebens
schenkt unsrer Hoffnung reichlich Lohn.

Das Leben sich erst richtig lohnt
wenn Gott beständig in uns wohnt
der uns als seine Kinder liebt
und uns das Urvertrauen gibt.

Das nenn ich wahre Heimat haben
die Sicherheit im Herzen tragen
umarmt in der Geborgenheit
von himmlisch Eltern alle Zeit.

Hab Dank für diese Heimatschaft
die uns beschenkt mit Lebenskraft
die ständig aus der Schöpfung quillt
und unsrer Herzen Sehnsucht stillt.

Du gibst mir Heimat wo ich bin
beflügelst fröhlich meinen Sinn
lässt uns im Leben nie allein
wirst ewig wahre Heimat sein.

Stimmungswandel

Sehr trüb und grau siehts heute aus
ich trau mich gar nicht aus dem Haus
die Sonne weg, es regnet, windet
ich merke wie die Stimmung schwindet.

Schau mal in meiner Innenwelt
nach dem, was dort an Input fehlt
damit das Herz nicht länger weint
und neue Freude wieder keimt.

Eh ich mich da verseh
kommt plötzlich die Idee:
„Wenn dich gar nichts mehr retten kann
schau auf dem Smartphone Smileys an."

Gedacht – getan, ganz ohne Geld
tipp ich mich in die Smiley-Welt
und schau nach letztem Klick mir dann
wohl hundert Mondgesichter an.

Sie lachen, weinen, staunen, necken
um jeglich Emotion zu wecken
erreichen locker leicht ihr Ziel
mit freudig buntem Mienenspiel.

Gesichter schaun ins Herz hinein
erzeugen dort auch Sonnenschein
wenn ein Blick einen andern fängt
und ihn mit Sympathie beschenkt.

Auch wenn sie schrill Grimassen schneiden
wir mögen Smileys immer leiden
ihr Punkt und Punkt und paarmal Strich
malt uns das Lächeln ins Gesicht.

Wenn trübe Mimik unbequem
kann man daneben Frohsinn sehn
man hat hier ständig ohne Zahl
zu Stimmungswandel freie Wahl.

Dann ists auch überhaupt nicht schlimm
dass ich wie heut mal traurig bin
denn Fröhlichkeit ist schnell zurück
wenn ich auf „Happy Smileys" blick.

Und wenns mal gar nicht funktioniert
kein Happy Smiley imponiert
dann zieh ich mir nach etwas proben
die Mundwinkel halt selbst nach oben.

Lebenswert

Nach edlen Werten wolln wir streben
in unserem kurzen Erdenleben
wie lässt sich dieses denn erreichen
und wer stellt uns dafür die Weichen?

Wir forschen intensiv und suchen
nach Schönheit, Wahrheit und dem Guten
mit Herz, Verstand und Willenskraft
auf dass uns Glück im Leben lacht.

Man wächst in der Familie auf
hier nimmt das Leben seinen Lauf
und schenkt uns als der Liebe Lohn
schon bald die nächste Generation.

Wenns weiter glückt in der Familie
ergibt sich hieraus eine Linie
von Generationen mit der Zeit
die sich zum Stammbaum weit verzweigt.

Jüngst hat der Wissenschaftsverstand
durch neuste Genforschung erkannt:
Der Mensch entstammt aus Afrika
von einer einzigen Urmama.

An Gendefekten sich klar zeigte
wie sich der Stammbaum einst verzweigte
ausgehend von Ostafrika
wo Urmutter zu Hause war.

Die ausgedehnten Wanderungen
ließen sich auch gut erkunden
wie Ahnen über lange Zeiten
auf Kontinenten sich verbreiten.

Klima und Umwelt legten dann
diverse Hauttönungen an
bis schwarz in weiß gewandelt war
vergingen zwanzigtausend Jahr.

Als Resümee wird nun bekannt:
Die Menschheit ist komplett verwandt
ob schwarz, ob weiß, ob rot, ob gelb
Geschwister halt in aller Welt.

Diese Wahrheit, neu entdeckt
lang schon in der Bibel steckt.
Genesis beschreibt dort klar
wies begann mit einem Paar.

Lebte einst im Paradies
selbstverschuldet es verließ
floh an einen trüben Ort
losgelöst von Gottes Wort.

Wurde blind für Seine Liebe
die es nach wie vor umgab
focht sogleich Familienkriege
egoistisch, arg und hart.

Wuchsen aus zu Weltenbränden
die entsetzlich viel zerstören
werden wir sie heut beenden
Gottes Worte wieder hören?

Unseren wahren Wert entdecken
für den wir so lange blind
unser Herz nicht mehr verstecken
leben wie ein Gotteskind?

Seine Liebe wieder finden
in der prächtigen Natur
Lieder singen unter Linden
mit und ohne Abitur?

Auch Familienwerte lehren
täglich anwenden und leben
Nachbarn mit Respekt beehren
Sympathie für alle hegen? –

Kein Mitmensch ist mir wirklich fremd
wenn ich an dessen Träume denk
an seine Wünsche, Hoffnung, Schmerzen
sind alle auch in meinem Herzen.

Auch wenn wir äußerlich abweichen
unter der Haut sich alle gleichen
wems dennoch bisher nicht bekannt:
Wir sind doch allesamt verwandt.

Sind Gottes Kinder, oft beschrieben
und sollten uns entsprechend lieben
dass seine Lieb die alles eint
in unsrer Liebe widerscheint.

Erst dann entsteht die neue Kraft
die wieder alles heile macht
was wir bisher so krass zerstörten
weil wir nicht auf den Schöpfer hörten.

Der wie nun heute offenbar
schon immer liebste Eltern war
Vater und Mutter für uns Kinder
und höchst geschätzter Weltengründer.

Seine Liebe ist unendlich
absolut und ewiglich
für uns erst vollauf verständlich
wenn ich selbstlos liebe Dich!

Was dann spürst ist Seine Liebe
die durch mich Dich jetzt erreicht
wünschst, sie ständig in Dir bliebe
macht Dich glücklich, stolz und reich.

Fühlst ein Stückchen Ewigkeit
schon in diesem Leben
lernst, für alles Erdenleid
wirds Erlösung geben.

Kannst nach edlen Werten streben
immer und in Ewigkeit
liebste Eltern Dich umgeben
gehen mit Dir Seit an Seit.

Lassen Dich Ihr Herz erleben
täglich neu Gemeinsamkeit
und für diesen Himmelssegen
fühlst Du Glück und Dankbarkeit.

Hoffnung

Begrüßt man uns zur Tagesschau
wird einem häufig schon ganz flau
es wird viel Elend uns gezeigt
und Hoffnung auf der Strecke bleibt.

Dabei wär Hoffnung auf das Gute
das Richtige für uns zu Mute
denn aktiv Hoffnung gäbe Schwung
für allgemeine Besserung.

Wo lässt sich neue Hoffnung finden
die gute Zukunft uns verspricht
dass aller Kräfte sich verbinden
und eine bessere Welt anbricht?

Auf Suche nach Inspiration
zeigt sich da im Gedankenstrom
wie himmlisch Hoffnung neu erblüht
in unsrem menschlichen Gemüt.

In frühen Schriften kann man lesen
der Mensch ist ein verführtes Wesen
und unser Schöpfer scheint hoch droben
sehr weit vom Menschen abgehoben.

Doch heute werden wir gewahr
in Wirklichkeit ist Gott uns nah
und tut uns ganz persönlich kund:
Der Mensch wird wieder ganz gesund.

Jeder Mensch ist gut erschaffen
bleibt Kind Gottes ewiglich
doch er macht oft schlimme Sachen
wenn sein Umfeld schauerlich.

Menschen handeln schlecht und grausam
meist in Frustration und Not
ganz vergessen, wem sie abstamm
unsren lieben Eltern, Gott!

Ja, Er lebt in unsren Herzen
macht sich deutlich heut bekannt
will befrein von allen Schmerzen
ist in Liebe uns verwandt.

Wäscht schon ab die vielen Tränen
alter Schuld, die wir bereun
damit wir nach Seinen Plänen
uns auf Weltfamilie freun.

Wenn wir all an uns erkennen
dass ein jeder Heilung sucht
hören wir schnell auf zu flennen
machen gegenseitig Mut.

Werden uns von Leid befreien
äußerlich und innerlich
Hilfe kommt von allen Seiten
brüderlich für Dich und mich.

Seit Dekaden wird nun schon
unser Leben sehr bereichert
durch technische Revolution
unsere Arbeit sehr erleichtert.

Nur im Innern wartets Kind
noch auf wahren Frieden
dass, weil wir Geschwister sind
uns auch selbstlos lieben.

Dieses hoffnungsvolle Ziel
lasst uns schnell erreichen
Wunden heilen mit Gefühl
keiner Müh ausweichen.

Unser Urgrund ist beständig
gut, auf Hoffnung eingestellt
wartet, dass wir eigenständig
mit verbessern unsere Welt.

Alles, was die Welt bewegt
ist in uns schon angelegt.
Auch der Hoffnungsschimmer geht
über in Realität

wenn wir, die erwachsenen Kinder
kreativ als Miterfinder
übernehmen kühn mit Schwung
unseren Teil Verantwortung.

Denken positiv den Traum
eine bessere Welt zu baun
und halten stets zu unserem Urgrund
eine herzliche Verbindung.

Dann strömt ganz wie von alleine
Hoffnung neu in Kopf und Beine
und erfüllt mit Gottes Liebe
unsere menschlichen Getriebe.

Zur Verantwortung bereit
gestalten wir nun Wirklichkeit
als Mitschöpfer des Himmelreichs
und Kinder Gottes, alle gleich.

Beenden Ignoranz und Not
und helfen uns, drum hilft auch Gott
der stets die meiste Arbeit tut
und uns die Kraft gibt und den Mut.

Mit Hoffnung wolln wir weitergehn
dann wird die Zukunft wunderschön
in der sich jeder Traum erfüllt
von Gott und Seinem Ebenbild.

Himmelreich

„Wenn wir nicht wie die Kinder werden
in unsrem Leben hier auf Erden
rein im Herzen, gottesgleich
dann komm wir nicht ins Himmelreich."

Der Doktrinen sind genug
durch die Zeiten offenbart
machten uns stets neuen Mut
wiesen all den gleichen Pfad

hin zur Einheit unsrer Herzen
brüderlich in Glück und Leid
überwindend alle Schmerzen
familiär und hilfsbereit.

Schöpfers Wunsch sind heil Familien
voller Liebe und Geschick
nie betrachtet als Fossilien
sondern als ein Pool voll Glück.

Schon auf Erden solln sie blühn
kundtun Gottes Herrlichkeit
und ihr Glück ins Jenseits sprühn
zum Himmelreich in Ewigkeit.

Diesen hoffnungsvollen Plan
wolln in praxi wir befolgen
jeder mit Herz und Elan
Gott ins täglich Leben holen.

Schaust ergo Du mit Herz und Sinn
im Leben tief und gründlich hin
dann wird sogleich Dir offenbar
das Göttliche ist allseits da.

Wir fühlen Gottes Kräfte pur
in der umgebenden Natur
und jeder wird sich eingestehn
sie ist genial und wunderschön.

Und gehn wir in die Tiefenschau
so zeigt sich unser Körperbau
in Pflanz und Tier und Mutter Erde
als Spieglung unsres menschlich Erbe.

Drum lerne möglichst jedes Kind
dass Mensch und Schöpfung ähnlich sind
und Gott, weil Er an Kinder dachte
uns klug zu seinem Bilde machte.

Hier sagt uns menschlicher Verstand
wenn wir schon allesamt verwandt
was gäb es Schöneres zu erwerben
als Gottes Himmelreich auf Erden.

Wir sollten keine Mühe scheun
geschwisterlich das Leben teiln
viel alten Groll sogleich verdaun
und Netzwerke des Herzens baun.

Wir wollen mit dem Herzen schaun
auf unsere Nächsten, und vertraun
dass sie den lieben Blick verstehn
uns auch mit Gottes Augen sehn.

Dann könn wir ohne Rast und Ruhn
uns gegenseitig Gutes tun
erfüllt mit himmlisch Energien
als Schöpfers kleinere Kopien.

Sind neu geborn durch Seine Liebe
verbreiten Freundlichkeit und Friede
und sind uns selbst gar nicht mehr feind
weil Geist und Körper jetzt vereint.

Sind wahre Kinder nun geworden
zerstreuen unsrer Eltern Sorgen
die Sie unzählig Jahre plagten
als wahre Liebe wir versagten.

Nun sind wir endlich ganz gesund
erfüllen die Verantwortung
die uns dereinst als großer Segen
von ‚Himmlisch Eltern' mitgegeben.

Erfassen tief den Sinn des Lebens
befolgen das Gesetz des Gebens
und baun umarmt von Gottes Liebe
Sein Himmelreich der Weltfamilie.

Religionsgeschicht'

Einst schuf Gott Himmel und die Erde
und zeitig schon die Engelschar
dass sie dienstbare Geister werden
zu schützen auch das Menschenpaar.

Doch Luzifer der höchste Engel
wurd neidisch auf die Menschenkind
fühlt sich als Diener voller Mängel
da sie doch Gottes Kinder sind.

Verführte die unreife Eva
die Gott zuvor massiv gewarnt
die gleiche Warnung galt auch Adam
der ihr zum Ehemann geplant.

Der höchste Diener ward zum Diebe
vorsätzlich gegen Gottes Plan
stahl er sich egoistisch Liebe
und Gottes Hoffnung war vertan.

Als Eva ängstlich dann erkannte
dass sie von einem Dieb missbraucht
sich irritiert zu Adam wandte
und nahm sich seine Liebe auch.

Die eigenen Kinder warn gefallen
nun fern von himmlischer Kultur
verführt zu Satanas Versallen
bedurften Herzens-Korrektur.

Wie können von dem tückisch Bösen
die Eltern nur die Kinder lösen
die reich beschenkt mit freiem Willen
in zweiter Generation schon ‚killen‘?

Zudem war Gottes Elternherz
selbst tief gebrochen von dem Schmerz
musst voller Kummer stehn und sehn
den eigenen Stammbaum untergehn. –

Wenn scheinbar nichts mehr weitergeht
gibt es doch eins das Hoffnung sät
man findet es in allen Völkern
es ist die Liebe gütiger Eltern.

So suchte Gott in höchsten Nöten
nach treuen Menschen und Propheten
die Seinen Willen gut verstanden
zu restauriern die Liebesbanden.

Und aus dem Alten Testament
man ihre Taten alle kennt,
drauf Jesus, für ihr Mühen Lohn
erschien als eingeborener Sohn.

Er kam um seine Braut zu finden
die heilige Ehe zu begründen
doch ward er grausam hingerichtet
und Gottes Plan erneut vernichtet.

Hingegen Jesus, welch ein Segen
hat aller Feinde Schuld vergeben
und Gott, man konnt es geistig sehn
ließ Jesus dafür auferstehn.

Gab ihm hinzu den Heiligen Geist
der mütterlich zu trösten weiß
und schuf damit das Christenherz
durch Neugeburt nach Kreuzigungsschmerz.

Die Christenheit erwartet schon
seit beinah zwanzighundert Jahr
die Wiederkunft des Menschensohn
die ihr dereinst versprochen war.

Wie überrascht ließ Gott uns staunen
als sich erfüllte dann die Zeit
hielt in Korea, wo viel Glauben
ein Fundament dafür bereit.

Ein junger Mann vom Stamme Moon
von Gott betraut sein Werk zu tun
begann drauf ohne Rast und Ruhn
zu einigen 's Weltchristentum.

Fand seine Braut, sehr treu erzogen
aus gottesfürchtigen Ahnenreihn,
die ihm in tiefer Lieb gewogen
stets Wahre Ehefrau zu sein.

So wurd im Jahre neunzehnsechzig
von viel Gerüchten unbeirrt
in Südkorea glaubensmächtig
die Heilige Hochzeit zelebriert.

Es folgten turbulente Zeiten
globale Aufklärung begann
bei Gegenwind von allen Seiten
erfuhr die Welt von Gottes Plan:

Dass Er sich sehnt zu aller Zeit
erwachsenen Kindern zu vertraun
um eins im Herzen ohne Streit
mit ihnen 's Himmelreich zu baun.

Nun, Stück für Stück dringt diese Wahrheit
ins menschliche Gewissen ein
möcht doch ein jeder, dass er teilhat
im Himmelreich dabei zu sein.

Heut lernen wir von Gotts Prinzip
das über all Natur regiert
wie 's Subjekt ganz sein Objekt liebt
und so zu neuer Schöpfung führt.

Solch Liebe ist ganz selbstlos rein
und investiert sich für den Nächsten
so wird gebaut das Himmelsheim
gemeinsam mit dem Allerhöchsten.

Er lebt in unsres Herzens Grund
regt uns zu guter Handlung an
und Seine Stimme nie verstummt
schafft Urvertraun für jedermann.

Möcht mit uns seit Beginn der Zeit
gemeinsam leben hier auf Erden
und gibt uns Hoffnung und Geleit
nun Seine Liebe ganz zu erben.

Zeigt Sich im Vorbild Wahrer Eltern
die selbstlos Liebe praktiziern
um in die Herzen aller Völker
himmlisches Leben zu graviern.

Es kann gar nicht mehr lange dauern
bis jeder Mensch die Wahrheit spürt
aus heutigem Leben voller Schaudern
nur Gott ins Himmelreich uns führt. –

So lehrt uns die Religionsgeschichte:
Gott gab uns auch Verantwortung
dass jeder letztlich selbst sich richte
gewissenhaft am Herzensgrund.

Dort findst Du unsern Gott persönlich
wirst merken, Er ist Dir sehr ähnlich
ist liebster Freund, Dich bestens kennt
und immer Dir Vertrauen schenkt.

Möcht Dir im Herz ganz nahe sein
in einem wunderschönen Heim.
Horch, Er wohnt lang schon nebenan
und bittet Dich: „Komm, klopf doch an."

Texte & Cover © Heiner Weber 2020
Verlag: Heiner Weber
c/o Werneburg Internet Marketing u.
Publikations-Service
Philipp-Kühner-Straße 2
99817 Eisenach
dr.hfaweber@web.de
Druck: epubli Berlin

ISBN 978-3-7529-7898-8

00001

www.epubli.de